# Schnäpse & Liköre
## selbst gemacht

# Schnäpse & Liköre selbst gemacht

G. Poggenpohl

EDITION XXL

# Vorwort

Seit Jahrtausenden stellt der Mensch Schnäpse und Liköre her. Diese Getränke wurden in erster Linie für Rituale und für die Gesundheit destilliert oder gemixt. Im frühen Mittelalter waren es die Klöster, die anfingen, Bier zu brauen, Schnaps zu brennen und Liköre herzustellen. Bis in die heutige Zeit sind die verschiedensten Kräuter- und Likörrezepte gut gehütete Geheimnisse der Klöster.

Aber mit ein bisschen Sachverstand können wir diese alte Tradition in unsere Häuser und Wohnungen holen. Natürlich gibt es alle möglichen Schnäpse und Liköre zu kaufen, aber diese werden in der Regel aus Essenzen und Geschmacksstoffen hergestellt. Sie enthalten nicht die wertvollen Inhaltsstoffe, die unserer Gesundheit gut tun und helfen, uns wohler zu fühlen.

Sicher werden Sie jetzt denken: „Aber Alkohol ist doch schädlich!" Ja, das stimmt. Aber nur, wenn Sie ihn unkontrolliert und in größeren Mengen konsumieren. Die meisten Dinge, die wir zu uns nehmen, können sowohl schaden als auch Medizin sein – auf die Dosis kommt es an.

Dieses Buch und die darin enthaltenen Rezepte zeigen Ihnen, wie Sie leckere, Ihr Wohlbefinden steigernde Schnäpse und Liköre selbst herstellen können.

Lassen Sie sich von der Vielfalt der köstlichen Rezepte inspirieren!

Ihr G. Poggenpohl

# Ratgeber

## Alkohol

Liköre, Kräuter- und Fruchtschnäpse haben eine Gemeinsamkeit: Sie enthalten Alkohol. Alkohol ist ein in reifen Früchten und Säften natürlich vorkommendes Produkt der alkoholischen Gärung mit berauschender Wirkung. Die Menschen erkannten diesen Umstand schon früh. Man kann davon ausgehen, dass der Alkohol eines der ersten Rauschgifte war, die der Mensch zu sich nahm. Aus diesem Grund werden heutzutage alkoholische Getränke industriell erzeugt und Alkohol ist die am weitesten verbreitete Droge weltweit.

Zu viel Alkohol und regelmäßiger Konsum können zu Alkoholismus führen. Aber wie bei allen Dingen ist es immer die Dosis, die den Nutzen von den Schädigungen trennt. Alkohol, in vernünftigen Maßen zu uns genommen, kann unser Wohlbefinden verstärken und uns ein warmes Gefühl der Geborgenheit geben.

Alkoholprodukte sind nur für Erwachsene geeignet und sollten in keinem Fall Kindern oder Jugendlichen gereicht oder verabreicht werden. Wer Alkohol getrunken hat, sollte außerdem nicht mehr Auto fahren, da Alkohol die Reaktionsfähigkeit eines Menschen vermindert.

Alkohol entsteht unter anderem bei der Vergärung von zucker- oder stärkehaltigen Substanzen durch Hefen oder Bakterien. Daher wird dieser Prozess kontrolliert mit einer Reihe von Nahrungsmitteln durchgeführt, wodurch z. B. Wein (aus Weintrauben) oder Bier (aus Malz und Hopfen) entstehen. Durch Destillation kann der Alkoholgehalt noch erhöht werden.

## Früchte und Kräuter

Viele der in diesem Buch vorgestellten Schnäpse werden mit Früchten oder Kräutern gemacht. Verwenden Sie nur saubere, einwandfrei frische und vor allem reife Früchte. Auch bei Kräutern und Gewürzen sind frische in jedem Fall vorzuziehen, Sie können aber auch getrocknete verwenden.

Kräuter und Gewürze können Sie auf Märkten (an speziellen Gewürzständen), in Apotheken und Supermärkten kaufen. Die meisten Früchte bekommen Sie in Gemüsegeschäften oder Supermärkten. Sie können sie aber auch selbst in der Natur pflücken. Wild wachsende Früchte sind in der Regel viel aromatischer. Tannenspitzen, Schlehen, Hagebutten, Holunder, Sanddorn und noch grüne Walnüsse werden selten angeboten und müssen in der Natur gesucht werden. Dabei sollten Sie darauf achten, diese nicht an stark befahrenen Straßenrändern oder neben stark gedüngten Feldern und Wiesen zu sammeln. Nur so kann man sicher sein, dass die Früchte nicht mit Schadstoffen belastet sind. Selbstverständlich sollten Sie nur schädlingsfreie Früchte pflücken, die Sie wirklich kennen.

## Schnaps oder Weingeist

Den Schnaps, den Sie für die Schnäpse und Liköre verwenden, kaufen Sie am besten im Supermarkt oder im Spirituosenhandel. Manche Leute empfehlen Weingeist aus der Apotheke. Hier möchte ich darauf hinweisen, dass dieser Alkohol unverhältnismäßig teuer ist und für mich auch keinen erkennbaren Vorteil gegenüber Korn oder Wodka hat.

## Zucker

In alten Likörrezepten liest man oft, dass man Zucker „klären" soll. Diese Hinweise stammen noch aus einer Zeit, in der der Zucker noch viele Verunreinigungen aufgewiesen hat. In der heutigen Zeit ist der Zucker so raffiniert, dass dies nicht mehr nötig ist. Mit dem zu verwendenden Wasser verhält es sich ähnlich. Es reicht völlig aus, wenn Sie Leitungswasser verwenden. Sollten Sie einen wirklich klaren Schnaps oder Likör wollen, dann lassen Sie das Leitungswasser durch einen Aktivkohlefilter laufen.

## Reifezeit

Die Angaben der Reifezeit für Ansatzschnäpse und Liköre sind Mindestzeiten. Je länger Sie sich gedulden, desto besser und reifer schmecken die Schnäpse und Liköre. Der Reifeprozess sollte immer bei Zimmertemperatur und an einem dunklen Ort stattfinden. Eine dunkle Lagerung können Sie auch dadurch erreichen, dass Sie die Flasche in Alufolie einwickeln. Auf diese Weise kommt kein Licht an die Flasche. Bei den in den Rezepten beschriebenen Abfilterungen bleiben immer noch ein paar Schwebeteilchen zurück. Wenn Sie das stört, dann verwenden Sie einfach einen Kaffeefilter. Das geht zwar langsamer, hält aber alle Schwebeteilchen zurück.

## Gefäße

Die Zutaten werden mit dem Alkohol in gut verschließbare Glasgefäße gefüllt, damit das Aroma voll erhalten bleibt. Hierfür eignen sich am besten Einweggläser mit Gummiringen, Twist-off-Gläser oder Mineralwasserflaschen. So können Sie den Ansatz während der Ruhezeit problemlos gelegentlich schütteln, ohne etwas zu verschütten. Verwenden Sie nur Gefäße aus Glas, metallische Gefäße sind nicht geeignet! Nach der Reifezeit können Sie dann die fertigen Schnäpse und Liköre in verschließbare Glasflaschen füllen.

## Sauberkeit

Noch ein Wort zum Reinigen der Flaschen und Gefäße: Alle verwendeten Glasgefäße müssen peinlich genau gesäubert werden, denn schon die kleinsten Verunreinigungen können das Ergebnis verschlechtern oder gar zunichte machen! Also sollten Sie die Gefäße oder Flaschen immer mit Spülmittel reinigen, die Rückstände gründlich entfernen (z. B. mit einer Flaschenbürste) und dann mit klarem Wasser nachspülen, bis kein Spülmittel mehr vorhanden ist.

## Geschenke

Schnäpse und Liköre sind gern gesehene Geschenke. In Supermärkten und Haushaltsgeschäften finden Sie schöne Zierflaschen, die Sie dann nach dem Reinigen nur noch mit Ihren selbst gemachten leckeren Schnäpsen und Likören füllen müssen. Die nötigen Dekorationen liefert die Natur. Große Blätter lassen sich einfach über den Flaschenhals legen und mit einem Band befestigen. Interessant geformte kleine Zweige sehen immer wieder hübsch an Flaschen aus. Sie können natürlich auch Bänder und Stoffe verwenden, in Bastelgeschäften gibt es das entsprechende Angebot. Lassen Sie Ihrer Fantasie freien Lauf!

# Kümmelschnaps

ca. 38 % Vol.

## Zutaten:

3 EL Kümmelsamen
1 TL Zucker
ein paar Körner Meersalz
700 ml 38%iger Schnaps (z. B. Doppelkorn)

## Zubereitung:

1. Den Kümmel in einem Mörser zerstoßen bzw. in eine Mühle oder Küchenmaschine geben und grob zerkleinern.
2. Den zerkleinerten Kümmel mit dem Zucker und dem Meersalz in ein gut verschließbares Glasgefäß geben. Mit dem Schnaps auffüllen und ca. acht Wochen an einem dunklen Ort ziehen lassen, gelegentlich schütteln.
3. Nach dieser Zeit den Schnaps durch ein doppelt zusammengelegtes Mulltuch abschütten und in Glasflaschen umfüllen. Sie erhalten ca. 700 ml fertigen Schnaps.

## Wussten Sie …

… dass dieser Schnaps erst bei einigen Graden unter null sein volles Aroma entfaltet? Für fast alle Kümmelschnäpse gilt die grundsätzliche Regel, dass sie gut gekühlt bis eiskalt getrunken werden sollten. Bei einem Alkoholgehalt von ca. 40 % Vol. gefriert der Schnaps in der Flasche erst bei ca. minus 22° C. Sie können den fertigen Kümmelschnaps also unbesorgt in Ihr Gefrierfach legen, dort auf die üblichen minus 18° C herunterkühlen und dann in Ruhe genießen.

# Chilischnaps

ca. 40 % Vol.

## Zutaten:

3 rote Chilischoten
1 TL weißer Kandiszucker
ein paar Körner Meersalz
700 ml 40%iger Schnaps (z. B. Wodka)

## Zubereitung:

1. Die Chilischoten waschen, mit einem scharfen Messer halbieren und die Kerne mit der Messerspitze entfernen. Ziehen Sie sich für diese Arbeit am besten Haushaltshandschuhe an oder waschen Sie sich anschließend gründlich die Hände. Chilisaft wirkt auf die Schleimhäute (Augen, Lippen, Nase, usw.) sehr ätzend.

2. Die halbierten Chilischoten mit dem Zucker und dem Meersalz in ein gut verschließbares Glasgefäß geben und mit dem Schnaps auffüllen.

3. Den Ansatz ca. acht Wochen an einem dunklen Ort ziehen lassen, gelegentlich schütteln. Sie erhalten ca. 700 ml fertigen Schnaps.

## Wussten Sie ...

... dass Chilis botanisch gesehen keine Schoten, sondern Beeren sind? Beim Einkauf von frischen Früchten sollten Sie darauf achten, dass die Chilis eine glatte, glänzende Haut haben. Ihre Farbe variiert von hellgelb über grün bis hin zu rot, die Form von länglich bis rund. Größe, Form und Farbe sind übrigens keine Unterscheidungsmerkmale für die Milde oder Schärfe der Chilis. Darüber entscheidet einzig und allein die Sorte.

# Ingwerschnaps

ca. 38 % Vol.

## Zutaten:

1 Stück Ingwer
(ca. 5 cm lang und 2 cm dick)
½ Zimtstange
1 TL Kardamomkapseln
½ Vanillestange
1 Stängel Rosmarin
50 g Kandiszucker
ein paar Körner Meersalz
70 ml Wasser
700 ml 40%iger Schnaps
(z. B. Obstbrand)

## Zubereitung:

1. Den Ingwer abschälen und in feine Streifen schneiden. Die Zimtstange und die Kardamomkapseln mit einem breiten Messer zerdrücken und die Vanillestange aufschneiden.

2. ⅔ des Ingwers, den Zimt, den Kardamom sowie die Vanille, den Kandiszucker und das Meersalz in einen Topf geben, das Wasser hinzufügen und einmal aufkochen. Alles im Topf erkalten lassen.

3. Nach dem Abkühlen das Ganze durch ein Mulltuch abschütten, den Sud in ein gut verschließbares Glasgefäß füllen, den restlichen Ingwer und den Rosmarinzweig zugeben und alles mit dem Schnaps auffüllen.

4. Den Ansatz ca. acht Wochen an einem dunklen Ort ziehen lassen, gelegentlich schütteln. Sie erhalten ca. 700 ml fertigen Schnaps.

## Wussten Sie ...

... dass Zubereitungen aus dem Ingwerwurzelstock entzündungshemmend und anregend auf die Magensaft-, Speichel- und Gallebildung wirken sollen? Die frischen Ingwerknollen können Sie übrigens eingepackt im Kühlschrank einige Wochen aufbewahren. Geschälter Ingwer bleibt bis zu drei Wochen saftig und frisch, wenn Sie ihn in ein Glas mit Schraubverschluss geben, das Glas mit Sherry auffüllen und das Ganze verschlossen und kühl lagern.

# Wacholdergeist

ca. 40 % Vol.

## Zutaten:

3 EL Wacholderbeeren
5 mittelgroße Stücke brauner Kandiszucker
ein paar Körner Meersalz
700 ml 40%iger Wodka

## Zubereitung:

1. Die Wacholderbeeren mit einem schweren Gegenstand (Topf oder Pfanne) etwas zerdrücken. Die zerdrückten Beeren mit dem Kandiszucker und dem Meersalz in ein gut verschließbares Glasgefäß geben und mit dem Wodka auffüllen.

2. Den Ansatz ca. acht Wochen an einem dunklen Ort ziehen lassen, gelegentlich schütteln.

3. Den Beerenansatz durch ein Mulltuch abfiltern und den Schnaps in Glasflaschen umfüllen.

4. Zur Dekoration können Sie einige Esslöffel neue Wacholderbeeren in die Flasche geben. Durch die austretenden ätherischen Öle der Beeren verfärbt sich der Schnaps mit der Zeit jedoch und die Öle setzen sich ab. Daher sollten Sie die Flasche öfter schütteln. Sie erhalten ca. 700 ml fertigen Schnaps.

## Wussten Sie ...

... dass das ätherische Öl, das einen großen Bestandteil der Wacholderbeeren ausmacht, den menschlichen Stoffwechsel im gesamten Organismus günstig beeinflussen soll? So überrascht es kaum, dass auch dem Wacholdergeist medizinische Wirkungen nachgesagt werden. Bei innerer Anwendung soll er z. B. unter anderem Blut reinigend und Harn treibend wirken, äußerlich angewendet die Durchblutung stärken.

# Tannenspitzenschnaps

ca. 38 % Vol.

*Dieser Schnaps wird im Frühjahr hergestellt, denn nur dann gibt es wirklich schöne junge, hellgrüne Spitzen an den Tannen. Pflücken Sie von einem Tannenbaum immer nur ein paar Spitzen, da der Baum sonst nicht wachsen kann.*

## Zutaten:

ca. 1 Hand voll junge, hellgrüne Tannenspitzen
2 EL Waldhonig
1 l 38%iger Doppelkorn

## Zubereitung:

1. Die abgepflückten Tannenspitzen abbrausen, auf Küchenkrepp trocknen und in ein gut verschließbares Glasgefäß geben.
2. Den Honig in das Gefäß geben und mit dem Doppelkorn auffüllen.
3. Den Ansatz ca. acht Wochen an einem dunklen Ort ziehen lassen, gelegentlich schütteln.
4. Anschließend den Ansatz abfiltern und in Glasflaschen abfüllen. Sie erhalten ca. 1 l fertigen Schnaps.

## Leckerer Likör ...

... lässt sich aus Tannenspitzen ebenso gut herstellen. Bei seiner Zubereitung gehen Sie wieder wie oben beschrieben vor, Sie müssen nur eine Hand voll frische Brombeerblätter hinzufügen und die Honigmenge verdoppeln. Auch hier gilt wie bei allen anderen Ansatzschnäpsen und -likören: Je länger Sie den Ansatz reifen lassen, desto intensiver wird der Geschmack des Endproduktes.

# Basilikumschnaps

*ca. 38 % Vol.*

## Zutaten:

1 Bund frisches Basilikum
3 EL weißer Kandiszucker
ein paar Körner Meersalz
70 ml Wasser
700 ml 40%iger Gin

## Zubereitung:

1. Das Basilikum abbrausen, ausschütteln und mit einem scharfen Messer grob zerkleinern. Alles in ein gut verschließbares Glasgefäß geben und mit dem Gin übergießen. Den Ansatz ca. sieben Tage an einem dunklen Ort ziehen lassen, gelegentlich schütteln.

2. Nach dieser Zeit das Wasser mit dem Zucker und dem Meersalz erhitzen und so lange rühren, bis der Zucker geschmolzen ist. Das Zuckerwasser abkühlen lassen.

3. Den Basilikumansatz durch ein Mulltuch abfiltern und mit dem Zuckerwasser vermischen.

4. Für eine schöne Dekoration können Sie z. B. ein paar frische Basilikumstängel mit Blättern in Glasflaschen geben und mit dem vorbereiteten Schnaps auffüllen. Sie erhalten ca. 700 ml fertigen Schnaps.

## Wussten Sie …

… dass sich der Begriff „Basilikum“ aus dem Griechischen (basilikos = königlich) ableitet und so viel bedeutet wie „königliche Heilpflanze“? Darum wird Basilikum im deutschsprachigen Raum auch „Königsbalsam“ oder „Königskraut“ genannt. Basilikum ist eine leicht pfeffrig schmeckende Gewürzpflanze aus der Familie der Lippenblütengewächse. Es hat angeblich eine beruhigende und verdauungsfördernde Wirkung und soll darüber hinaus Blähungen verhindern.

# Zimtgeist

ca. 38 % Vol.

## Zutaten:

4 Zimtstangen
3 EL Zucker
70 ml Wasser
1 l 40%iger Wodka

## Zubereitung:

1. Zwei der Zimtstangen mit einem breiten Messer zerdrücken. Anschließend den Zimt mit dem Zucker und dem Wasser in einen Topf geben. Das Ganze aufkochen und im Topf erkalten lassen.
2. Den entstandenen Sud durch ein doppelt zusammengelegtes Mulltuch abfiltern.
3. Die restlichen Zimtstangen in ein gut verschließbares Glasgefäß geben, den gefilterten Sud dazugeben und mit dem Wodka auffüllen.
4. Den Ansatz ca. acht Wochen an einem dunklen Ort ziehen lassen, gelegentlich schütteln. Sie erhalten ca. 1 l fertigen Schnaps.

## Wohltuend …

… wirkt Zimt eigentlich immer. Ob im Glühwein, in Süßspeisen und Gebäck oder als herrlicher Raumduft – kaum ein Gewürz erinnert uns stärker an den Winter und an Weihnachten. Er entspannt nicht nur den Geist und hebt die Stimmung, sondern wärmt auch unseren Körper und regt auf diese Weise die Sinnlichkeit an. Daher gilt er schon von alters her als Aphrodisiakum. Eigentlich doch viel zu schade, um ihn nur am Jahresende zu genießen, finden Sie nicht?

# Ananasschnaps

ca. 36 % Vol.

## Zutaten:

500 g frische Ananas
100 g weißer Kandiszucker
2 EL Hagelzucker
70 ml Wasser
700 ml 38%iger Doppelkorn

## Zubereitung:

1. Das Wasser mit dem Kandiszucker in einen Topf geben, aufkochen und dann abkühlen lassen.
2. Die Ananas schälen und in so kleine Würfel schneiden, dass diese durch einen Flaschenhals passen.
3. Das abgekühlte Zuckerwasser mit dem Doppelkorn vermischen.
4. Den Hagelzucker und die Ananasstücke in ein gut verschließbares Glasgefäß geben und mit dem Zucker-Schnaps-Gemisch auffüllen. Ein weiteres schönes Dekorationselement wäre z. B. ein Stängel Zitronenmelisse.
5. Den Ansatz ca. acht Wochen an einem dunklen Ort ziehen lassen, gelegentlich schütteln. Sie erhalten ca. 1 l fertigen Schnaps.

## Eine Variante ...

... für die Zubereitung dieses Ananasschnapses wäre, ihn mit der Hilfe von direkt aus dem Fruchtfleisch einer frischen Ananas ausgepresstem Saft herzustellen. Nach dem Auspressen lösen Sie den Kandiszucker in etwas Wasser auf und vermischen das Ganze mit dem Saft und dem Doppelkorn. Auch bei dieser Variante sollten Sie den Schnaps noch ca. acht Wochen reifen lassen, um sein volles Aroma genießen zu können.

# Schlehengeist

ca. 36 % Vol.

## Zutaten:

200 g frische Schlehen
2 EL Kandiszucker
ein paar Körner Meersalz
700 ml 36%iger Korn

## Zubereitung:

1. Die Schlehen waschen, mit einer Gabel mehrmals anstechen oder mit einem scharfen Messer über Kreuz einschneiden.

2. Die Schlehen mit dem Kandiszucker und dem Meersalz in ein gut verschließbares Glasgefäß geben und mit dem Korn aufgießen.

3. Den Ansatz ca. acht Wochen an einem dunklen Ort ziehen lassen, gelegentlich schütteln. Sie erhalten ca. 1 l fertigen Schnaps.

## Wussten Sie ...

... dass Schlehen vor allem an Waldrändern wachsen? Im Frühling treibt der dornige Schlehenbusch weiße Blüten aus. Aus diesen Blüten entstehen dann im Laufe des Jahres die bläulich schimmernden Beeren. Gepflückt werden die Beeren Ende Oktober bis in den November hinein. Sie werden nicht nur zur Herstellung von Likören, Fruchtweinen und Schnäpsen genutzt, sondern auch zu köstlichen Marmeladen und Fruchtsäften verarbeitet.

# Rosmarinschnaps

ca. 38 % Vol.

## Zutaten:

10 Stängel Rosmarin
3 EL weißer Kandiszucker
ein paar Körner Meersalz
50 ml Wasser
700 ml 40%iger Wodka

## Zubereitung:

1. Die zehn Stängel Rosmarin abbrausen, ausschütteln und die Nadeln von den Stängeln streifen.

2. Die Rosmarinnadeln in ein gut verschließbares Glasgefäß geben. Den Wodka darüber schütten und das Ganze ca. sechs Wochen an einem dunklen Ort ziehen lassen, gelegentlich schütteln.

3. Nach dieser Zeit den Zucker und das Meersalz in dem heiß gemachten Wasser auflösen.

4. Die Rosmarinnadeln durch ein Mulltuch abfiltern, den Schnaps mit der Zuckerlösung vermischen und in Glasflaschen füllen. Zur Dekoration eignet sich beispielsweise ein frischer Stängel Rosmarin. Sie erhalten ca. 800 ml fertigen Schnaps.

## Wussten Sie ...

... dass Rosmarin auch schon als Bitterstoff im Bier oder als Ersatz für Weihrauch verwendet wurde? Der immergrüne Halbstrauch wächst in den Küstenregionen des Mittelmeerraumes heute noch wild. Das südeuropäische Gewürzkraut hat einen intensiven, aromatischen Geruch und sein harzig-pikanter, leicht bitterer Geschmack ähnelt dem von Kampfer und Eukalyptus. Rosmarin hat übrigens eine starke Würzkraft und sollte daher immer vorsichtig dosiert werden.

# Klosterlikör

ca. 38 % Vol.

## Zutaten:

1 unbehandelte Zitrone
5 Wacholderbeeren
1 Zimtstange
1 Stängel Pfefferminze
3 Salbeiblätter
1 Stängel Basilikum
3 Lorbeerblätter
2 Stängel Rosmarin
1 TL Kamillenblüten
2 Gewürznelken
1 Prise Safran
3 EL brauner Kandiszucker
700 ml 38%iger Doppelkorn

## Zubereitung:

1. Mit einer feinen Reibe von der Zitrone die Schale abreiben und die Zitrone auspressen.

2. Die Wacholderbeeren und die Zimtstange mit einem breiten Messer zerdrücken.

3. Alle übrigen Zutaten zusammen mit dem Zitronensaft, der Zitronenschale, dem Wacholder und Zimt in ein gut verschließbares Glasgefäß geben. Jetzt mit dem Doppelkorn übergießen. Diese Kräutermischung ca. acht Wochen an einem dunklen Ort ziehen lassen, gelegentlich schütteln.

4. Danach den Ansatz durch ein Mulltuch in Glasflaschen abfiltern. Sie erhalten ca. 700 ml fertigen Likör.

## Eine Variante ...

... für die Zubereitung dieses Klosterlikörs wäre, alle oben beschriebenen Zutaten außer dem Korn mit ca. 200 ml Wasser in einen Topf zu geben und zusammen aufzukochen. Der Sud sollte ca. fünf Minuten köcheln. Anschließend das Ganze über Nacht erkalten lassen. Am nächsten Tag den Kräutersud durch ein Mulltuch abfiltern und mit dem Korn vermischen, fertig!

# Kräuterlikör

ca. 25 % Vol.

## Zutaten:

1 TL Thymian
1 TL Rosmarin
4 Salbeiblätter
4 Kardamomkapseln
2 Lorbeerblätter
1 Zimtstange
2 Sternanis
Kräutermischung aus je 1 TL Baldrian, Eukalyptus, Beifuß, Melisse, Weinraute, Ysop, schwarze Edelraute und Hopfenzapfen (diese Mischung in der Apotheke bestellen)
4 EL brauner Kandiszucker
500 ml Wasser
700 ml 40%iger Wodka

## Zubereitung:

1. Alle aufgeführten Kräuter in ein gut verschließbares Glasgefäß geben. Das Wasser in einem Topf erhitzen, den Zucker zugeben und so lange rühren, bis er geschmolzen ist.

2. Den Sirup bis zu einer Temperatur von 30° C abkühlen lassen und dann über die Kräuter gießen. Das Ganze ca. 30 Minuten ziehen lassen. Im Anschluss den Wodka hinzugeben.

3. Den Ansatz ca. acht Wochen an einem dunklen Ort ziehen lassen, gelegentlich schütteln. Nach dieser Zeit den Kräutersud durch ein Mulltuch abfiltern und den Kräuterlikör in Glasflaschen abfüllen. Sie erhalten ca. 1,2 l fertigen Likör.

## Wussten Sie ...

... dass man durch Gärung mittels Hefen nur Alkoholgehalte von ca. 14 % Vol. erzielen kann, da die Hefezellen bei höheren Alkoholkonzentrationen absterben? Hochprozentiger oder gar reiner Alkohol konnte erst durch die Erfindung der Destillation erzeugt werden, die erst um das 11. Jahrhundert in größeren Mengen möglich war. Aus dieser Zeit stammen auch die ersten Kräuterliköre, die vermutlich von weisen Frauen und Mönchen als Medizin verabreicht wurden.

# Kümmellikör

ca. 26 % Vol.

## Zutaten:

3 EL Kümmelsamen
1 Sternanis
1 TL rosa Beeren
1 EL Honig
etwas gemahlener Pfeffer
250 g weißer Kandiszucker
ein paar Körner Meersalz
250 ml Wasser
700 ml 36%iger Korn

## Zubereitung:

1. Sternanis und rosa Beeren in einem Mörser grob zerkleinern.

2. Den Kümmel, den Kandiszucker sowie den Sternanis und die rosa Beeren mit dem Wasser in einen Topf geben. Das Wasser zum Kochen bringen und ca. fünf Minuten köcheln lassen. Jetzt den Honig, den gemahlenen Pfeffer und das Salz zugeben und den Sud erkalten lassen.

3. Den abgekühlten Sud mit dem Korn in ein gut verschließbares Glasgefäß geben und ca. vier Wochen an einem dunklen Ort ziehen lassen, gelegentlich schütteln.

4. Nach dieser Zeit den Ansatz durch einen Kaffeefilter laufen lassen. Den Kümmellikör in Glasflaschen umfüllen und vor dem ersten Kosten noch etwas ruhen lassen. Sie erhalten ca. 1 l fertigen Likör.

## Wussten Sie …

… dass die Deutschen und Österreicher die größten Kümmelverbraucher der Welt sind? Kümmel ist ein klassisches Gewürz zu schweren Speisen wie z. B. Brot und Pellkartoffeln, die durch den Kümmel schmackhafter werden. Die frischen Blätter des Kümmels haben einen milden Petersilien-Dill-Geschmack, der gut zu Suppen und Salaten passt. Daher wurden die Blätter früher beispielsweise auch als Suppeneinlage verwendet. Die Wurzeln der Kümmelpflanze können sogar als Gemüse gekocht werden.

# Zitronenlikör

ca. 18 % Vol.

## Zutaten:

7 unbehandelte Zitronen (ergeben ca. 300 ml Zitronensaft)
100 g Zucker
300 ml Wasser
700 ml 32%iger Korn

## Zubereitung:

1. Die Zitronen mit heißem Wasser gründlich abwaschen. Dann mit einem Zestenreißer die Schale von den Zitronen ziehen. Einen Teil der Zesten für das Einlegen in den fertigen Likör beiseite legen. Die Zitronen halbieren und auspressen, den Saft auffangen.

2. Das Wasser mit dem Zucker und den Zitronenzesten in einen Topf geben und aufkochen. Der Sud sollte ca. fünf Minuten köcheln, dann abkühlen lassen.

3. Wenn das Zuckerwasser abgekühlt ist, den Zitronensaft einrühren und alles durch ein feines Sieb abschütten. Die Zitronenflüssigkeit mit dem Korn vermischen und das Ganze zusammen mit den übrigen Zitronenzesten in Glasflaschen füllen. Der Likör ist trinkfertig. Sie erhalten ca. 1,4 l fertigen Likör.

## Wussten Sie ...

... dass Zesten hauchdünne Streifen aus der äußersten Schale von Zitrusfrüchten sind? Man gewinnt sie mit einem speziellen Küchengerät, dem so genannten Zestenreißer. Zesten werden vor allem zum Dekorieren von Desserts, Suppen oder Terrinen verwendet. Die Zesten von Zitrusfrüchten eignen sich auch bestens zum Aromatisieren von Backwaren, Soßen und Getränken, da die hauchdünnen Schalenstreifen frei von der bitterstoffhaltigen, weißen Unterschale sind.

# Orangenlikör

*ca. 20 % Vol.*

## Zutaten:

5 unbehandelte Orangen
(ergeben ca. 400 ml Saft)
3 EL weißer Kandiszucker
200 ml Wasser
700 ml 40%iger weißer Rum

## Zubereitung:

1. Die Orangen mit heißem Wasser gründlich abwaschen. Dann mit einem Zestenreißer von zwei der Orangen die Schale abziehen. Einen Teil der Zesten für das Einlegen in den fertigen Likör beiseite legen. Die Orangen halbieren und auspressen, den Saft auffangen.

2. Das Wasser mit dem Zucker und den Orangenzesten in einen Topf geben und aufkochen. Der Sud sollte ca. fünf Minuten köcheln, dann abkühlen lassen.

3. Wenn das Zuckerwasser abgekühlt ist, den Orangensaft einrühren und alles durch ein feines Sieb abschütten. Die Orangenflüssigkeit mit dem Rum vermischen. Die restlichen Zesten in ein gut verschließbares Glasgefäß geben und mit dem Sud auffüllen.

4. Den Ansatz ca. vier Wochen an einem dunklen Ort ziehen lassen, gelegentlich schütteln. Sie erhalten ca. 1,4 l fertigen Likör.

## Jedes Jahr …

… freuen wir uns aufs Neue auf das herrliche Aroma der Orangen. Als typisches Winterobst schenkt uns die Orange zahlreiche Vitamine, vor allem aber Vitamin C. Ob als ganze Frucht oder als frisch gepresster Orangensaft, die Orange ist immer wieder ein Genuss. Orangensaft kann man auch sehr gut zum Mixen von Getränken nehmen, z. B. für einen alkoholfreien Punsch an besonders kalten Tagen. Auch dieser Orangenlikör ist mit seiner leicht bitteren Note ein guter Begleiter durch den Winter bis in den Frühling hinein.

# Sanddornlikör

ca. 18 % Vol.

## Zutaten:

500 ml Sanddornsaft
1 TL Wacholderbeeren
100 g Zucker
300 ml Wasser
500 ml 40%iger Wacholderschnaps

## Zubereitung:

1. Die Wacholderbeeren mit einem breiten Messer zerdrücken.

2. Das Wasser mit dem Zucker und den zerdrückten Wacholderbeeren in einen Topf geben und aufkochen. Der Sud sollte ca. fünf Minuten köcheln, dann abkühlen lassen.

3. Wenn das Zuckerwasser abgekühlt ist, den Sanddornsaft einrühren und alles durch ein feines Sieb abschütten. Die Sanddornflüssigkeit mit dem Wacholderschnaps vermischen und in ein gut verschließbares Glasgefäß abfüllen.

4. Den Ansatz ca. acht Wochen an einem dunklen Ort ziehen lassen, gelegentlich schütteln. Sie erhalten ca. 1,2 l fertigen Likör.

## Wussten Sie ...

... dass Sanddornbeeren einen relativ hohen Vitamin-C-Gehalt haben (ca. 450 mg je 100 g)? Dies übersteigt den einer Zitrone oder Orange (beide verfügen nur über etwa 50 mg je 100 g) um etwa das Zehnfache. Darüber hinaus weist der Sanddorn einen bedeutenden Gehalt an Beta-Karotin und Gerbstoffen auf. Zum Rohgenuss ist er zwar nicht geeignet, in Form von Likör verarbeitet ist Sanddorn jedoch sehr gut zu genießen und sogar gesund.

# Weintraubenlikör

ca. 18 % Vol.

## Zutaten:

500 g weiße Weintrauben
2–3 EL weißer Kandiszucker (je nach Süße der Trauben)
70 ml Wasser
500 ml 38%iger Grappa

## Zubereitung:

1. Die Weintrauben waschen, halbieren, mit dem Zucker und dem Wasser in einen Topf geben und bei geschlossenem Deckel ca. fünf Minuten köcheln, bis ein Mus entstanden ist.

2. Das Mus in ein gut verschließbares Glasgefäß geben, den Grappa dazugießen und ca. sechs Wochen an einem dunklen Ort ziehen lassen, gelegentlich schütteln.

3. Nach dieser Reifezeit den Weintraubenansatz durch ein Mulltuch filtern und den Likör in Glasflaschen abfüllen.

4. Eine Hand voll frische Weintrauben zur Dekoration der Flaschen waschen, halbieren, die Kerne entfernen und die Trauben zu dem Likör geben. Sie erhalten ca. 1 l fertigen Likör.

## Wussten Sie …

… dass Grappa eine italienische Spirituose ist, die durch direkte Destillation ausgepresster Weintrauben hergestellt wird? Die Schwierigkeit hierbei ist, dass die Destillation in diesem Fall an einer festen Substanz durchgeführt wird und nicht an einer Flüssigkeit, wie es normalerweise üblich ist. Das hat auch einen ganz bestimmten Grund: Die meisten Geschmacksstoffe sind nämlich in den Traubenschalen zu finden. Nur durch die direkte Destillation gelingt es, diese Geschmacksfülle im Tresterbrand zu erhalten.

# Rotweinlikör

*ca. 28 % Vol.*

## Zutaten:

700 ml Rotwein (Landwein)
1 Vanillestange
200 ml roter Traubensaft
3 EL Zucker
300 ml 38%iger Grappa

## Zubereitung:

1. Die Vanillestange längs halbieren und das Mark herauskratzen.
2. Das Vanillemark mit dem Zucker und dem Traubensaft in einen Topf geben und zum Kochen bringen. Den Sud im Topf erkalten lassen.
3. Den Sud abfiltern, mit dem Rotwein und dem Grappa vermischen und in Glasflaschen abfüllen.
4. Der Likör ist trinkfertig. Sie erhalten ca. 1,2 l fertigen Likör.

## Wussten Sie ...

... dass es die Bezeichnung „Landwein“ als Qualitätsstufe für einen gebietstypischen, trockenen oder halbtrockenen Tafelwein höherer Qualität in Deutschland erst seit 1982 gibt? Oder dass deutscher Tafelwein nur aus Trauben der Region gekeltert werden darf, aus welcher der Wein stammt? Andere Länder verwenden ähnliche Bezeichnungen für ihre heimischen Weine. In Frankreich nennt man sie beispielsweise „Vin de Pays“.

# Schlehenlikör

ca. 30 % Vol.

## Zutaten:

600 g frische Schlehenbeeren
1 Zimtstange
3 Gewürznelken
3 EL weißer Kandiszucker
100 ml Wasser
700 ml 36%iger Korn

## Zubereitung:

1. Die Schlehen waschen, entsteinen oder mit einem scharfen Messer das Fruchtfleisch von den Kernen ablösen. Die entstandenen Fruchtstücke mit dem Zimt, den Gewürznelken, dem Zucker und dem Wasser in einen Topf geben. Bei geschlossenem Deckel ca. zehn Minuten köcheln lassen.
2. Das Schlehenmus durch ein Sieb streichen, in ein gut verschließbares Glasgefäß geben und mit dem Korn vermischen.
3. Den Ansatz ca. acht Wochen an einem dunklen Ort ziehen lassen, gelegentlich schütteln.
4. Nach dieser Zeit das Ganze durch ein doppelt zusammengelegtes Mulltuch filtern und in Glasflaschen umfüllen. Sie erhalten ca. 1 l fertigen Likör.

## Als Heißgetränk …

… lässt sich der Schlehenlikör auch wunderbar genießen. Dafür kann er in einer netten Runde auf dem Tisch über Kerzen erhitzt werden. Der so erhitzte Likör wird dann löffelweise getrunken. Vor allem an kalten, ungemütlichen Winterabenden ist er ein wärmender Genuss. Probieren Sie auch mal den erhitzten Schlehenlikör als Beigabe zu einem heißen Schwarztee – köstlich!

# Johannisbeerlikör

ca. 26 % Vol.

## Zutaten:

800 g frische, schwarze Johannisbeeren
1 Gewürznelke
1 Lorbeerblatt
3 EL brauner Kandiszucker
ein paar Körner Meersalz
100 ml Wasser
700 ml 36%iger Korn

## Zubereitung:

1. Die Johannisbeeren waschen und in ein gut verschließbares Glasgefäß geben. Die Gewürznelke, das Lorbeerblatt sowie den Zucker und das Salz zugeben und mit dem Korn auffüllen.

2. Den Ansatz ca. acht Wochen an einem dunklen Ort ziehen lassen, gelegentlich schütteln.

3. Nach dieser Zeit durch ein Mulltuch abfiltern. Das Mulltuch danach kräftig auswringen, sodass der gesamte Saft herausgepresst wird. Den Saft mit dem Wasser vermischen und den Likör gegebenenfalls nochmals mit Zucker abschmecken.

4. Anschließend den Likör in Glasflaschen abfüllen. Sie erhalten ca. 1,4 l fertigen Likör.

## Wussten Sie …

… dass der ganze Strauch der schwarzen Johannisbeere bei den alten Zuchtsorten einen Geruch verströmt, den viele als unangenehm empfinden? Dieser Geruch hat ihr auch die volkstümliche Bezeichnung „Wanzenbeere" oder „Bocksbeere" (Ziegenbock) eingebracht. Die schwarze Johannisbeere ist übrigens die Grundlage des Cassissirups bzw. des Cassislikörs. Hochwertiger Cassislikör ist ein Naturprodukt und besteht nur aus Alkohol, Johannisbeeren und Zucker.

# Wacholderlikör

ca. 30 % Vol.

## Zutaten:

3 EL Wacholderbeeren
1 Stück Ingwer (ca. 2 cm lang)
1 Sternanis
3 EL brauner Kandiszucker
200 ml Wasser
500 ml 40%iger Wodka

## Zubereitung:

1. Die Wacholderbeeren mit einem breiten Messer zerdrücken. Den Ingwer schälen und in kleine Stücke schneiden.

2. Das Wasser in einem Topf erhitzen, die Wacholderbeeren, Ingwer, Sternanis und den Kandiszucker zugeben. Alles ca. fünf Minuten köcheln und dann im Topf erkalten lassen.

3. Wenn der Sud erkaltet ist, den Wodka zugeben und das Ganze in ein gut verschließbares Glasgefäß geben. Den Ansatz ca. acht Wochen an einem dunklen Ort ziehen lassen, gelegentlich schütteln.

4. Nach dieser Zeit den Sud durch ein doppelt zusammengelegtes Mulltuch abfiltern, in Glasflaschen abfüllen und genießen. Sie erhalten ca. 700 ml fertigen Likör.

## Krambambuli ...

... (oder auch „Crambambuli“) ist der in Deutschland bekannteste Wacholderlikör. Er wird aus Branntwein und natürlich aus den Beeren des Wacholderstrauches hergestellt und stammt ursprünglich aus einer Danziger Likörfabrik, aus der auch das noch berühmtere „Danziger Goldwasser“ kam. Wacholderlikör ist eine sehr süße Angelegenheit. Probieren Sie ihn doch auch einmal als Beigabe zu Waffelteig oder Obstsalat!

# Walnusslikör

ca. 32 % Vol.

## Zutaten:

10 grüne Walnüsse
(Anfang Juli gepflückt)
½ Zimtstange

2 Gewürznelken
3 EL brauner Kandiszucker
700 ml 36%iger Korn

## Zubereitung:

1. Die frischen, grünen Walnüsse mit einem scharfen Messer vierteln.

2. Die Zimtstange, die Gewürznelken und den Kandiszucker mit dem Korn in ein gut verschließbares Glasgefäß geben und ca. acht Wochen an einem dunklen Ort ziehen lassen, gelegentlich schütteln.

3. Nach dieser Zeit den Ansatz probieren, er sollte richtig süß-nussig schmecken. Sollte das nicht der Fall sein, dann ca. drei Esslöffel braunen Kandiszucker in 50 ml lauwarmem Wasser auflösen und mit dem Ansatz vermischen. Sollte Ihnen der Likör einen zu hohen Alkoholgehalt haben, dann reduzieren Sie ihn mit 300 ml Wasser auf unter 30 % Vol.

4. Den Ansatz durch ein feines Sieb abfiltern und den Likör in Glasflaschen abfüllen. Sie erhalten ca. 700 ml fertigen Likör.

## Wussten Sie …

… dass zahlreiche wissenschaftliche Studien immer wieder den positiven Effekt der Walnuss auf die Herzgesundheit festgestellt haben? Der Grund dafür ist, dass schon 50 g reife Walnüsse den Tagesbedarf eines Erwachsenen an so genannten Omega-3-Fettsäuren decken. Das sind lebensnotwendige Säuren, welche die menschlichen Zellen gegen den Angriff so genannter „freier Radikale“ schützen. Diese Fettsäuren kann unser Körper nicht selbst produzieren und müssen daher mit der Nahrung aufgenommen werden.

# Brombeerlikör

ca. 20 % Vol.

## Zutaten:

800 g frische, reife Brombeeren
1 Hand voll junge, grüne Brombeerblätter
2 EL brauner Kandiszucker
200 ml Wasser
500 ml 36%iger Korn

## Zubereitung:

1. Die Brombeeren und die Blätter waschen.
2. Beeren, Blätter und den Korn in ein gut verschließbares Glasgefäß geben. Das Ganze ca. acht Wochen an einem dunklen Ort ziehen lassen, gelegentlich schütteln.
3. Nach dieser Zeit den Ansatz durch ein Mulltuch abschütten. Das Wasser erhitzen und den Kandiszucker darin auflösen.
4. Wenn das Zuckerwasser abgekühlt ist, mit dem Brombeerlikör vermischen und in Glasflaschen füllen. Sie erhalten ca. 1 l fertigen Likör.

## Je nach Sorte …

… werden Brombeeren von Juli bis September geerntet. Sie bevorzugen gemäßigte Klimazonen. Es gibt schwarze, dunkelrote oder sogar gelblich weiße Sorten. Haben die Brombeeren ihre volle Reife erreicht, schmecken sie süß und weich. Da Brombeeren nach dem Pflücken kaum mehr nachreifen, werden sie erst bei Vollreife geerntet. Frische Früchte sollten fest und dick sein und glänzen. Weiche Beeren mit matter Farbe sind häufig nicht mehr ganz frisch.

# Ingwerlikör

ca. 32 % Vol.

## Zutaten:

1 Stück Ingwer (ca. 5 cm lang und 2 cm dick)
1 unbehandelte Zitrone
3 EL weißer Kandiszucker
200 ml Wasser
500 ml 40%iger Wodka

## Zubereitung:

1. Den Ingwer schälen und in sehr feine Streifen schneiden. Von der Zitrone mit einem Zestenreißer feine Streifen abziehen.

2. Die Ingwerstreifen und die Zitronenzesten mit dem Kandiszucker und dem Wasser in einen Topf geben und alles ca. sieben Minuten köcheln lassen. Anschließend den Sud im Topf erkalten lassen.

3. Wenn der Ingwersud erkaltet ist, die Zitronenzesten herausnehmen, den Wodka unterrühren und in ein gut verschließbares Glasgefäß umfüllen.

4. Den Ingwerlikör ca. sechs Wochen ziehen lassen, gelegentlich schütteln. Er wird mit den Ingwerstücken genossen. Sie erhalten ca. 700 ml fertigen Likör.

## Wussten Sie …

… dass mit dem Begriff „Kandis“ Zuckerkristalle bezeichnet werden, die aus konzentrierten Zuckerlösungen in mehreren Tagen auskristallisieren? Gelber Kandiszucker ist mit Zuckercouleur gefärbt, brauner Kandiszucker wird hingegen aus karamellisierter Zuckerlösung hergestellt. Wie bei allen Zuckerarten wird der Körper für den Verzehr von Nahrung, die Kandiszucker enthält, doppelt belohnt: durch einen Energieschub und durch gute Laune. Also, nichts wie ran an die Likörzubereitung!

# Pfefferminzlikör

ca. 22 % Vol.

## Zutaten:

5 Stängel Pfefferminze
1 unbehandelte Orange
1 Gewürznelke
1 Msp. Muskatblüten
3 EL weißer Kandiszucker
200 ml Wasser
500 ml 36%iger Korn

## Zubereitung:

1. Zunächst mit einem Zestenreißer von der Orange die Hälfte der Schale abziehen. Die Pfefferminzstängel, Orangenschale, Gewürznelke und Muskatblüten in ein gut verschließbares Glasgefäß geben und mit dem Korn auffüllen.

2. Den Ansatz ca. acht Wochen an einem dunklen Ort ziehen lassen, gelegentlich schütteln.

3. Nach dieser Zeit das Wasser erhitzen, den Zucker darin auflösen und warten, bis die Zuckerlösung erkaltet ist. Anschließend den Ansatz abfiltern und die Zuckerlösung mit dem Korn in Glasflaschen abfüllen. Zur Dekoration der Flaschen eignen sich hier beispielsweise frische Pfefferminzstängel und einige Orangenzesten. Sie erhalten ca. 700 ml fertigen Likör.

## Wussten Sie …

… dass die Minze eine besonders vielfältige Kräuterart ist? Mit ca. 20 Arten ist sie in fast allen gemäßigten Klimazonen verbreitet. Doch nur den Varietäten der Pfefferminze und der Grünen Minze kommt eine kulinarische Bedeutung zu. Charakteristisch für das würzige Kraut ist die frische Kühle, die sich auf den Mentholgehalt der Blätter zurückführen lässt. Am besten entfaltet Minze übrigens ihr Aroma in Verbindung mit Zucker.

# Weihnachtslikör

*ca. 40 % Vol.*

## Zutaten:

125 g getrocknete Feigen
50 g Datteln
125 g getrocknete Pflaumen
1 gehäufter EL Rosinen
½ Vanillestange
½ Zimtstange
3 Gewürznelken
3 Pfefferkörner
1 Msp. Kardamomkapseln
1 EL Bienenhonig
3 EL brauner Kandiszucker
700 ml 40%iger Weinbrand

## Zubereitung:

1. Die Trockenfrüchte in ein gut verschließbares Glasgefäß geben und mit so viel Weinbrand übergießen, dass sie zu 2 cm damit bedeckt sind. Das Ganze ca. einen Tag stehen lassen.

2. Dann die Gewürze, den Honig und den Kandiszucker hinzufügen und den restlichen Weinbrand darauf geben.

3. Den Likör ca. vier Wochen an einem dunklen Ort ziehen lassen, gelegentlich schütteln. Dann die Früchte absieben und den Likör durch ein doppelt zusammengelegtes Mulltuch filtern, damit er schön klar wird. Anschließend den Likör in Glasflaschen füllen und genießen. Sie erhalten ca. 700 ml fertigen Likör.

## Wussten Sie …

… dass Kardamom zu den ältesten und wertvollsten Gewürzen der Welt gehört? Es gibt drei unterschiedliche „Sorten“, den grünen, den weißen und den schwarzen Kardamom. Der weiße ist mit Kalk gebleichter grüner Kardamom, der zwar hübsch anzusehen ist, aber durch das Bleichverfahren zu viel an Qualität und Geschmack verliert. Der schwarze ist eine andere Sorte mit einem anderen Geschmack. Auch er wird weniger geschätzt und oft als billiger Kardamomersatz gehandelt.

# Heidelbeerlikör

ca. 28 % Vol.

## Zutaten:

800 g frische Heidelbeeren
1 Vanillestange
½ Zimtstange
1 Zitrone
2 Gewürznelken
3 EL brauner Kandiszucker
100 ml Wasser
700 ml 40%iger Wodka

## Zubereitung:

1. Die Heidelbeeren waschen und in einen Topf geben. Die Vanillestange längs halbieren und die Zimtstange etwas zerdrücken. Die Zitrone auspressen und den Saft auffangen.

2. Vanille, Zimt, einen Esslöffel Zitronensaft, die Gewürznelken und den Kandiszucker zu den Heidelbeeren geben, das Wasser zugießen und das Ganze ca. fünf Minuten köcheln lassen. Dann die Heidelbeeren mit einer Gabel zerdrücken und erkalten lassen.

3. Den Wodka hinzugeben, alles miteinander verrühren und in ein gut verschließbares Glasgefäß füllen. Den Heidelbeeransatz ca. acht Wochen an einem dunklen Ort ziehen lassen, gelegentlich schütteln.

4. Nach dieser Zeit den Ansatz durch ein doppelt zusammengelegtes Mulltuch filtern, das Tuch gründlich auswringen und den Likör in Glasflaschen abfüllen. Sie erhalten ca. 1 l fertigen Likör.

## Wussten Sie …

… dass Heidelbeeren äußerst gesund sind? Sie enthalten sehr viel Karotin, Vitamin $B_6$, Magnesium sowie Vitamin C. Außerdem sind sie ohne Frage eine der beliebtesten Beerensorten. Die deutsche Heidelbeersaison geht von Mitte Juli bis in den September hinein. Die leckeren Beeren lassen sich sowohl frisch verzehren als auch in der Küche verwenden. Leider halten die Früchte nicht allzu lange. Daher sollten sie immer im Kühlschrank aufbewahrt und so bald wie möglich verwertet werden.

# Kakaolikör

ca. 32 % Vol.

## Zutaten:

6 EL Kakao
125 ml süße Sahne
1 Msp. gemahlener Zimt
1 Msp. Chilipulver
3 EL Puderzucker
500 ml 40%iger Rum

## Zubereitung:

1. Die Sahne in einem Topf oder einer Schüssel im Wasserbad leicht erwärmen (auf ca. 50° C) und den Kakao mit einem Schneebesen in die Sahne einrühren. Anschließend Zimt, Chilipulver und Puderzucker hinzugeben.

2. Die Kakaosahne abkühlen lassen, den Rum unterrühren und mit Puderzucker abschmecken.

3. Dann den fertigen Kakaolikör in Glasflaschen füllen. Diesen Likör sollten Sie im Kühlschrank lagern, er ist zum baldigen Verbrauch (ca. 4 Wochen) bestimmt. Sie erhalten ca. 700 ml fertigen Likör.

## Wussten Sie ...

... dass Kakaoschoten eine gelb-braune, geriffelte Schale und eine rundlich-spitze Form haben? Die Früchte können bis zu 25 cm lang werden und bergen in ihrem Inneren in fünf Reihen ca. 25 bis 50 bohnenförmige Samen, die in ein rotes, süßliches Fruchtmus eingebettet sind. Diese Samen der ledrig-holzigen Früchte des Baums liefern den Kakao. Rohkakao ist das Ausgangsmaterial für die uns bekannten Endprodukte wie z. B. das Kakaopulver, die Kakaobutter oder die Schokolade.

# Nougatlikör

ca. 32 % Vol.

## Zutaten:

150 g Nougat
½ Vanillestange
3 Eigelb
1 EL Puderzucker
150 ml süße Sahne
350 ml 40%iger Rum

## Zubereitung:

1. Die Vanillestange längs halbieren und das Mark herauskratzen. Den Nougat in sehr feine Würfel schneiden.
2. Die Nougatwürfel zusammen mit dem Vanillemark, den Eigelben und dem Puderzucker in einer Küchenmaschine zu einer cremigen Masse rühren.
3. Dann die Sahne langsam und in dünnem Strahl unter die Nougatmasse geben. Anschließend den Rum langsam unterrühren.
4. Den Likör in Glasflaschen füllen und kühl aufbewahren. Dieser Likör ist nur begrenzt haltbar (ca. vier Wochen). Sie erhalten ca. 700 ml fertigen Likör.

## Wussten Sie ...

... dass Nougat aus Nüssen (Haselnüssen, Mandeln), Zucker oder Honig, Rosenwasser und Kakao besteht? Die Nusskerne werden bei 180° C geröstet, abgekühlt und in einer Mühle zerrieben. Der entstandenen Rohmasse wird Lezithin zugesetzt, um sie besser zu binden. Anschließend wird die Nussmasse mit Puderzucker, Kakaobutter, Sojafett, Kuvertüre, Vanillin und Milchpulver verknetet und gewalzt, bis sie eine homogene Mischung bildet. Wenn diese abkühlt, erstarrt sie und das Nougat kann plattiert und geschnitten werden.

# Kaffeelikör

ca. 32 % Vol.

## Zutaten:

5 EL Kaffeebohnen
1 Vanillestange
3 EL Kandiszucker
200 ml Wasser
500 ml 40%iger Wodka

## Zubereitung:

1. Die Vanillestange längs halbieren. Die Kaffeebohnen und die Vanillehälften in ein gut verschließbares Glasgefäß geben und den Wodka darauf gießen.

2. Im Anschluss den Ansatz ca. acht Wochen an einem dunklen Ort ziehen lassen, gelegentlich schütteln.

3. Nach dieser Zeit den Ansatz abfiltern. Das Wasser in einem Topf erhitzen und den Kandiszucker darin auflösen, erkalten lassen.

4. Den Kaffeelikör mit dem Zuckerwasser vermischen und in Glasflaschen abfüllen. Sie erhalten ca. 700 ml fertigen Likör.

## Wussten Sie ...

... dass jeder Bundesbürger laut Statistik ca. 150 Liter Kaffee im Jahr trinkt? Damit ist und bleibt der Kaffee vor Mineralwasser und Bier das beliebteste Getränk der Deutschen. Man nimmt an, dass die Provinz Kaffa in Äthiopien das Ursprungsland des Kaffees ist. Von dort gelangte der Kaffee wahrscheinlich im 14. Jahrhundert durch Sklavenhändler nach Arabien. Geröstet und getrunken wurde Kaffee wahrscheinlich erst ab der Mitte des 15. Jahrhunderts.

# Kirschlikör

ca. 28 % Vol.

## Zutaten:

600 g frische Süßkirschen
1 kleines Stück Zimtstange
1 Gewürznelke
1 Stück Orangenschale
2 EL weißer Kandiszucker
100 ml Wasser
500 ml 36%iger Korn

## Zubereitung:

1. Die Kirschen waschen, entstielen und entsteinen.
2. Zimtstange, Gewürznelke, Orangenschale, Kandiszucker und Wasser mit den Kirschen in einen Topf geben. Das Ganze so lange kochen (ca. sieben Minuten), bis ein Mus entstanden ist.
3. Alles auf ein Mulltuch geben, gründlich abtropfen lassen und den Saft auffangen.
4. Den so entstandenen Kirschsaft mit dem Korn vermischen und in ein gut verschließbares Glasgefäß füllen.
5. Den Ansatz ca. acht Wochen an einem dunklen Ort ziehen lassen, gelegentlich schütteln. Sie erhalten ca. 1 l fertigen Likör.

## Heiß begehrt …

… waren wilde Kirschen schon immer. Bereits die Menschen der Steinzeit haben die süßen Früchtchen gesammelt und gegessen. Archäologen entdeckten bei Ausgrabungen versteinerte Kerne in den Höhlen unserer Vorfahren. Kirschen sind nicht nur lecker, sondern auch gesund. Ein halber Liter Kirschsaft deckt den Vitamin-C-Bedarf eines ganzen Tages. Außerdem sollen die in den Kirschen enthaltenen Stoffe für eine schöne Haut sorgen und darüber hinaus Entzündungen hemmen.

# Quittenlikör

ca. 22 % Vol.

## Zutaten:

4 Quitten
1 Sternanis
1 Zimtstange
1 Gewürznelke

3 EL Zucker
300 ml Wasser
700 ml 36%iger Korn

## Zubereitung:

1. Die Quitten schälen und mit dem Kerngehäuse in kleine Stücke schneiden.

2. Die Quittenstücke, den Sternanis, die Zimtstange, die Gewürznelke und den Zucker mit dem Wasser ohne Deckel vier Minuten sprudelnd kochen. Dann den Topf vom Herd nehmen und das Ganze erkalten lassen.

3. Die gekochten Quitten in ein gut verschließbares Glasgefäß geben und mit dem Korn auffüllen.

4. Den Ansatz ca. acht Wochen an einem dunklen Ort ziehen lassen, gelegentlich schütteln.

5. Den Quittenansatz durch ein doppelt zusammengelegtes Mulltuch filtern und den Likör in Glasflaschen füllen. Sie erhalten ca. 1,2 l fertigen Likör.

## Wussten Sie ...

... dass man die Quitte fast als die Urform unseres Obstes bezeichnen könnte? Dabei ist die Quitte den Jüngeren heute leider kaum noch bekannt. In voller Reife leuchten die je nach Sorte apfel- oder birnenförmigen Früchte wie Zitronen und verströmen weithin ihren wunderbaren Duft. Sie werden häufig für die „Veredelung“ von Obstbäumen verwendet, da die Quitte als sehr robust gilt. So wachsen viele Obstbäume nicht auf ihren eigenen Wurzeln, sondern eben auf der fremden „Unterlage“ des Quittenbaums.

# Hagebuttenlikör

ca. 28 % Vol.

## Zutaten:

400 g frische Hagebutten
1 unbehandelte Zitrone
3 EL weißer Kandiszucker
250 ml Wasser
600 ml 40%iger weißer Rum

## Zubereitung:

1. Die Zitrone mit heißem Wasser abwaschen und in 3 cm dicke Stücke schneiden. Die Hagebutten putzen, waschen und gut abtropfen lassen. Die Früchte längs halbieren und in einem Topf mit einem Kartoffelstampfer oder einer Schöpfkelle zerdrücken.

2. Die Hagebuttenmasse mit den Zitronenstücken in ein gut verschließbares Glasgefäß füllen. Den Rum darüber gießen und ca. drei Wochen an einem dunklen Ort ziehen lassen, gelegentlich schütteln.

3. Das Wasser in einem Topf erhitzen und den Kandiszucker darin auflösen. Anschließend das Zuckerwasser erkalten lassen.

4. Den Ansatz durch ein Mulltuch filtern, die Flüssigkeit auffangen und mit dem Zuckerwasser vermischen. Den Hagebuttenlikör in Glasflaschen füllen und noch ca. zwei Wochen ruhen lassen. Sie erhalten ca. 1 l fertigen Likör.

## Zur Verfeinerung ...

... von Wildsoßen eignet sich dieser Likör wunderbar. Mit trockenem Sekt oder Weißwein aufgefüllt, kann man ihn als Longdrink anbieten und mit Hagebuttenlikör vermischte Sahne ist eine köstliche Tortenfüllung. Außerdem schmeckt er auch pur als Dessertsoße oder Verdauungsschlückchen ganz köstlich. Wenn Sie für die Zubereitung des Likörs wilde Hagebutten verwenden möchten, sollten Sie darauf achten, noch feste Früchte auszuwählen, da sich vollreife Hagebutten schwer putzen lassen und nicht viel mehr Aroma haben.

# Holunderlikör

*ca. 20 % Vol.*

## Zutaten:

1 200 g frische Holunderbeeren
1 Vanillestange
½ Zimtstange
1 Zitrone
3 EL brauner Kandiszucker
100 ml Wasser
500 ml 40%iger Wodka

## Zubereitung:

1. Die Holunderbeeren waschen, die Vanillestange längs halbieren und die Zimtstange etwas zerdrücken. Die Zitrone auspressen und den Saft auffangen.

2. Die Holunderbeeren, die Vanille, den Zimt, einen Esslöffel Zitronensaft und den Kandiszucker in einen Topf geben, das Wasser zugießen und das Ganze ca. zehn Minuten köcheln lassen. Dann die Holunderbeeren mit einer Gabel zerdrücken und erkalten lassen.

3. Den Wodka hinzugeben, alles miteinander verrühren und in ein gut verschließbares Glasgefäß füllen. Den Beerenansatz ca. acht Wochen an einem dunklen Ort ziehen lassen, gelegentlich schütteln.

4. Nach dieser Zeit den Ansatz durch ein doppelt zusammengelegtes Mulltuch filtern, das Tuch sorgfältig auswringen und den Likör in Glasflaschen abfüllen. Sie erhalten ca. 1 l fertigen Likör.

## Wussten Sie …

… dass sich die „Erntezeit“ für Holunderbeeren je nach Region und Wetterverlauf von Anfang September bis in die erste Oktoberwoche hineinziehen kann? So können längere und kältere Winter z. B. bis zu 14 Tage Verzögerung bedeuten. Bei der Ernte sollten Sie beachten, wirklich nur die vollreifen Früchte abzunehmen. Unreife (grüne bis rote) Beeren enthalten giftige Bestandteile. Das bedeutet, dass nur die dunkelvioletten, fast blauschwarzen Früchte erntefähig sind.

# Eierlikör

*ca. 20 % Vol.*

## Zutaten:

5 Eigelb
1 Vanillestange
300 g Puderzucker
500 ml Milch
500 ml 36%iger Korn
50 ml 40%iger Weinbrand

## Zubereitung:

1. Die Eier schon einige Stunden vor der Zubereitung aus dem Kühlschrank nehmen. Mit einem Messer die Vanillestange der Länge nach aufschneiden und das Mark herausschaben.

2. Das Vanillemark, 100 g Puderzucker und die Milch auf kleiner Flamme aufkochen und dann ca. acht Minuten köcheln lassen. Danach durch ein Sieb seihen und erkalten lassen.

3. Die Eigelbe mit dem restlichen Puderzucker und der abgekühlten Vanillemilch zu einer dicken Creme aufschlagen. Dann den Korn und den Weinbrand einrühren und in ein gut verschließbares Glasgefäß füllen.

4. Den Eierlikör noch ein paar Tage an einem dunklen Ort (möglichst im Kühlschrank) ziehen lassen, gelegentlich schütteln. Den fertigen Eierlikör im Kühlschrank lagern, er ist zum baldigen Verbrauch (in 4 Wochen) bestimmt. Vor dem Servieren sollte der Likör gut durchgeschüttelt werden. Sie erhalten ca. 1 l fertigen Likör.

## „Blonder Engel" ...

... heißt ein köstlicher Longdrink, den Sie mit diesem Eierlikör mixen können. Als Zutaten benötigen Sie 5 cl Eierlikör, 10 cl Orangensaft und gestoßenes Eis. Ein Longdrinkglas etwa zu ⅓ mit gestoßenem Eis füllen und den Eierlikör dazugeben. Kurz umrühren, dann je nach Geschmack mit Orangensaft auffüllen. Vor dem Servieren nochmals umrühren. Sie können diesen Longdrink auch mit Sekt oder Prosecco mischen.

# Anislikör

ca. 28 % Vol.

## Zutaten:

50 g Anissamen
1 unbehandelte Zitrone
1 Zimtstange
4 Sternanis
2 Gewürznelken
3 EL brauner Kandiszucker
300 ml Wasser
500 ml 40%iger Wodka

## Zubereitung:

1. Die Anissamen im Mörser grob zerstoßen. Von der Zitrone die Schale abreiben. Die Zimtstange halbieren.

2. Das Wasser in einem Topf erhitzen, die Anissamen, die Zitronenschale, die Zimtstange, den Sternanis, die Gewürznelken und den Kandiszucker hinzugeben und alles ca. zehn Minuten köcheln lassen. Dann den Sud erkalten lassen.

3. Den Sud durch ein doppelt zusammengelegtes Mulltuch abfiltern, die Flüssigkeit mit dem Wodka vermischen und in ein gut verschließbares Glasgefäß füllen.

4. Den Ansatz ca. acht Wochen an einem dunklen Ort ziehen lassen, gelegentlich schütteln. Sie erhalten ca. 700 ml fertigen Likör.

## Wussten Sie ...

... dass der Sternanis dem Anis zwar im Aroma sehr ähnlich, botanisch jedoch nicht mit ihm verwandt ist? Der Sternanis stammt vermutlich aus China und Vietnam und gehört zu den Magnoliengewächsen. Der Sternanis-Baum trägt zwischen März und Mai gelbliche Blüten mit vielen Blütenblättern. Der Anis ist hingegen nicht nur in Asien, sondern auch in den südöstlichen Mittelmeerländern heimisch und gehört zu den Doldenblütlern. Anispflanzen blühen zwischen Juli und August in weißen Dolden.

# Register






Genehmigte Lizenzausgabe
EDITION XXL GmbH
Fränkisch-Crumbach 2009
www.edition-xxl.de

Idee und Projektleitung: Sonja Sammüller
Layout, Satz und Umschlaggestaltung:
SAMMÜLLER KREATIV GmbH
Küche und Fotos: G. Poggenpohl, Wismar
Foodstyling: Caterina Poggenpohl

ISBN (13) 978-3-89736-079-2
ISBN (10) 3-89736-079-9